PIA DEGES

KINDERFESTE

FOTOGRAFIE: MICHAEL RUDER, COCO LANG

INHALT

Öffnen Sie die Klappen dieses Buches.
Dort finden Sie die wichtigsten Infos zum Thema auf einen Blick!

DAS PRINZIP: KINDERFESTE

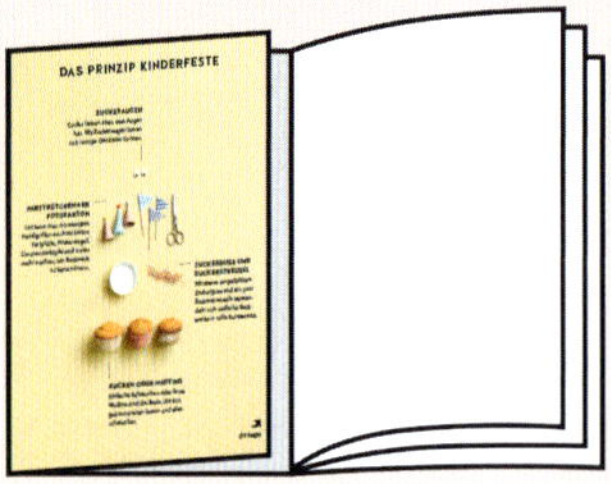

DIE PERFEKTE KOMBI

Immer griffbereit:

SO GEHT'S: ZUCKERAUGEN

Immer griffbereit:

SO GEHT'S: DEKOKNIFFE

GU **CLOU**

Wussten Sie schon, dass …?
Entdecken Sie bei einigen ausgewählten Rezepten ganz besondere Tipps mit verblüffendem Insiderwissen. Aha-Momente garantiert!

Mit diesem Symbol sind alle vegetarischen Gerichte gekennzeichnet.

Die Backzeiten können je nach Herd variieren. Unsere Temperaturangaben beziehen sich auf das Backen im Elektroherd mit Ober- und Unterhitze.

Sammeln Ihrer Lieblingsrezepte mit der »GU Kochen Plus«-App (siehe S. 64)

REZEPTKAPITEL

PIA DEGES

An außergewöhnliche Feste und die eigenen Kindergeburtstage erinnert man sich auch lange Jahre später zurück. Schließlich wird ein besonderer Tag gefeiert. Dass auch entsprechend gutes und hübsch inszeniertes Essen dazugehört, war für die Autorin in ihrer Kindheit schon so. Als ihre Kinder auf die Welt kamen, ging die Party weiter.

Warum üben Kinderfeste einen so hohen Reiz auf dich aus?

Ich liebe es, Feste zu feiern! Einen besonderen Tag besonders zu gestalten, war immer schon meine Leidenschaft. Und zu einem guten Kinderfest oder -geburtstag gehört neben einem Haufen Gästen, Geschenken, guter Laune und Spielen natürlich auch entsprechendes Essen. Ob als Kuchen, Muffin oder in der herzhaften Variante: Es muss schmecken und hübsch aussehen.

Worauf kommt es bei der Planung von Kinderfesten an?

Meine wichtigste Regel lautet: Weniger ist mehr. Kinder mögen einfache Rezepte. Also kombiniert man am besten Klassiker mit einem lustigen oder besonderen Look. Erlaubt ist an diesem Tag, was den Kindern schmeckt und gefällt. Ich bin ein großer Fan von Gesichtern. Alles, was mich niedlich anschaut, hat gewonnen. Oft genügen schon zwei (oder drei) winzige Zuckeraugen, um zum Beispiel einen Schokomuffin aufzupeppen. Und apropos Zucker: Auch davon darf es am Kindergeburtstag etwas mehr sein. An allen anderen Tagen stehen dann wieder gesündere Varianten im Vordergrund.

Worauf muss man noch achten?

Für kleine Kinder sind handliche Portionen wichtig. Viele essen noch immer gern mit den Fingern. Da sind Amerikaner, Muffins und Scones besser als ein großes Stück Torte. Das Gleiche gilt für Snacks. Und: ausreichend Getränke zur Verfügung stellen! Toben macht durstig und Süßigkeiten auch. Empfehlenswert sind stille Mineralwässer, milde Saftschorlen und selbst gemachter Eistee.

GESPENSTERKUCHEN

3 Wiener Böden (Fertigprodukt) aufeinanderstapeln und mit einer Schablone zu einem Gespenst schneiden

200 g Sahne steif schlagen

2 dunkle Doppelkekse

2 braune Schokolinsen

Die Böden mit der Sahne bestreichen und aufeinanderstapeln. Die übrige Sahne rundherum verteilen. Die Doppelkekse auseinanderdrehen und jeweils die Hälften mit der weißen Creme als Augen auflegen. Braune Schokolinsen als Pupillen daraufsetzen.

KUCHEN

Für 1 Springform (24 cm ∅; 12 Stücke) • 1 Std. Zubereitung • 2 Std. 50 Min. Kühlen •
Pro Stück ca. 480 kcal, 6 g E, 30 g F, 44 g KH

LÖWENKUCHEN

GUT VORZUBEREITEN

150 g Löffelbiskuits
125 g Butter
1 Pck. Götterspeise Zitrone
100 g Zucker
1 Dose Aprikosen (490 g Abtropfgewicht)
200 g Doppelrahm-Frischkäse
1 Pck. Vanillezucker
300 g Sahne
70 g Zartbitter-Kuvertüre
6 Schokosticks
14 Doppelkekse

AUSSERDEM

Spritzbeutel mit kleiner Lochtülle

1 Die Löffelbiskuits in einen Gefrierbeutel füllen und mit dem Nudelholz fein zerstoßen. Die Butter schmelzen und mit den Biskuitbröseln mischen. Die Masse in eine mit Backpapier ausgelegte Springform füllen und mithilfe eines Esslöffels fest andrücken. Im Kühlschrank 30 Min. kalt stellen.

2 Das Götterspeisenpulver, Zucker und 100 ml Wasser erhitzen (nicht kochen), bis Pulver und Zucker sich aufgelöst haben. Abkühlen lassen. 2 Aprikosenhälften beiseitelegen, die restlichen Früchte fein pürieren. Frischkäse, Fruchtpüree und Vanillezucker mit den Schneebesen des Handrührgeräts verrühren. Die Götterspeise langsam einrühren. Die Sahne steif schlagen und unter die Creme heben. Die Creme auf den Bröselboden geben und mindestens 2 Std. kalt stellen.

3 Die Kuvertüre über dem heißen Wasserbad oder in der Mikrowelle schmelzen und in einen Spritzbeutel mit kleiner Lochtülle füllen. Backpapier auf der Arbeitsfläche auslegen. Aus der flüssigen Schokolade Augen und Mund formen und 20 Min. im Kühlschrank fest werden lassen. Alle Teile auf dem Kuchen platzieren. Die beiseitegelegten Aprikosen als Ohren auf den Kuchen legen. Die Schokosticks als Schnurrhaare auflegen.

4 Den Kuchen auf einer großen Platte mittig anrichten. Doppelkekse als Mähne ringsherum legen.

Für 1 Backblech (38 × 26 cm; 20 Stücke) • 1 Std. Zubereitung • 25 Min. Backen •
Pro Stück ca. 335 kcal, 5 g E, 14 g F, 47 g KH

KINDERGARTENKUCHEN

FÜR VIELE KINDER

FÜR DEN BODEN
5 Eier (M)
200 g Zucker
400 g Mehl
1 Pck. Backpulver
150 ml Sonnenblumenöl
180 ml Orangenlimonade

FÜR DIE CREME
200 g Doppelrahm-Frischkäse
1 EL Zitronensaft
70 g Zucker
100 g Sahne

FÜR DIE DEKO
200 g Puderzucker
20 Butterkekse
Fruchtgummis, Schaumgummis, Brause-Ufos

BODEN: Den Backofen auf 175° (Umluft) vorheizen. Das Backblech mit Backpapier auslegen. Eier und Zucker mit den Schneebesen des Handrührgeräts schaumig schlagen. Mehl und Backpulver mischen. Im Wechsel mit dem Öl unter die Eiermasse rühren. Zuletzt die Limonade kurz unterrühren.

Den Teig auf dem vorbereiteten Backblech verstreichen. Den Kuchen im heißen Ofen (Mitte) 20–25 Min. backen. Herausnehmen und abkühlen lassen.

DEKO: Den Puderzucker mit 4–5 EL Wasser zu einem gerade noch flüssigen Zuckerguss verrühren. Die Butterkekse auf einer Seite mit dem Zuckerguss bestreichen und mit Frucht- und Schaugummis, Brause-Ufos und nach Belieben mit weiteren Süßigkeiten verzieren. Trocknen lassen.

CREME: Den Frischkäse mit Zitronensaft und Zucker verrühren. Die Sahne steif schlagen und unterheben. Die Creme mit einer Palette auf dem Kuchen verstreichen. Die verzierten Butterkekse oben auflegen.

Für 12 Stücke • 45 Min. Zubereitung • 2 Std. Kühlen • Pro Stück ca. 500 kcal, 5 g E, 32 g F, 47 g KH

IGELTORTE

HINGUCKER

200 g Vollmilch-Schokolade
300 g Sahne
100 g Zucker
200 g weiche Butter
3 dunkle Wiener Böden (Fertigprodukt)
60 Schokosticks
2 Zuckeraugen
1 schokolierter Haselnusskern
1 Zahnstocher

1 Für die Creme die Schokolade grob hacken. Die Sahne zusammen mit dem Zucker aufkochen, die Schokolade dazugeben und unter Rühren schmelzen. Mindestens 2 Std. im Kühlschrank kalt stellen. Die Butter cremig rühren. Die Schokoladensahne langsam unter ständigem Rühren untermischen, bis eine feste Creme entstanden ist.

2 2 Böden mit Schokoladencreme bestreichen. Die 3 Böden übereinanderstapeln. Seitlich jeweils ein Viertel des Kuchens mit einem scharfen Messer wegschneiden (Bild links), aus dem mittleren Kuchenstück einseitig ein spitz zulaufendes Stück als Igelkopf schneiden. Die Seitenteile mit der Schnittfläche auf das Mittelstück legen (Bild rechts).

3 Den Igel ringsum mit der restlichen Schokoladencreme bestreichen. Die Schokosticks halbieren und als Stacheln in den Igel stecken. Die Zuckeraugen auflegen. Die schokolierte Haselnuss auf einen Zahnstocher spießen und als Nase vorn in den Kuchen stecken.

Für 1 Kastenform (30 cm lang; 12 Stücke) • 50 Min. Zubereitung • 1 Std. Backen • Pro Stück ca. 545 kcal, 7 g E, 33 g F, 54 g KH

DINOSAURIERKUCHEN

EINFACH

200 g Zucker
1 Pck. Vanillezucker
250 g weiche Butter
4 Eier (M)
250 g gemahlene Haselnusskerne
250 g Mehl
1 Pck. Backpulver
200 g Puderzucker
grüne Lebensmittelfarbe
grüne Schokolinsen

AUSSERDEM

1 schwarzer Filzstift
1 grüner Fotokarton

1 Den Backofen auf 160° (Umluft) vorheizen. Eine Kastenform mit Backpapier auslegen. Zucker, Vanillezucker und die weiche Butter cremig rühren. Die Eier unterrühren. Erst die Haselnüsse, dann Mehl und Backpulver untermischen. Die Masse gleichmäßig in die Kastenform einfüllen und im heißen Ofen (Mitte) 1 Std. backen. Aus der Form nehmen und abkühlen lassen.

2 Puderzucker mit 4–5 EL Wasser verrühren. Mit wenig Lebensmittelfarbe grün einfärben. Ein Kuchengitter auf Backpapier stellen und den Kuchen darauf platzieren. Den Zuckerguss gleichmäßig über dem Kuchen verteilen, abtropfen lassen. Mit Schokolinsen verzieren.

3 Rückenteile, Schwanz und Kopf (Mund und Augen aufmalen) des Dinos auf grünen Fotokarton zeichnen und ausschneiden. Den Kuchen an den jeweiligen Stellen mit einem spitzen Küchenmesser einritzen und die Dinosaurierteile kurz vor dem Servieren hineinstecken.

Für 1 Backblech (38 × 26 cm; 12 Stücke) • 45 Min. Zubereitung • 20 Min. Backen • 1 Std. Kühlen • Pro Stück ca. 640 kcal, 12 g E, 39 g F, 59 g KH

GRUSELKUCHEN

FÜR HALLOWEEN

4 Eier (M)
160 g Zucker
200 ml Öl
200 ml Milch
320 g Mehl
1 Pck. Backpulver
3 EL Kakaopulver
400 g Quark
250 g Mascarpone
100 g Zucker
200 g Sahne
1 Pck. Sahnesteif
100 g Erdbeerkonfitüre
500 g Erdbeeren
Fruchtgummiaugen, -würmer, -spinnen und -mäuse

1 Backofen auf 200 °C (Umluft) vorheizen. Ein Backblech mit Backpapier auslegen. Die Eier trennen. Eiweiße steif schlagen. Eigelbe mit Zucker und Öl schaumig rühren. Milch, Mehl, Backpulver und Kakao unterrühren. Eischnee unterheben. Den Teig auf dem Blech verteilen und im heißen Ofen (Mitte) ca. 20 Min. backen. Herausnehmen.

2 Mit einem Löffel eine 1–2 cm tiefe Kuchenschicht ausheben, einen Rand stehen lassen. Die Reste zerbröseln und beiseitestellen. Quark, Mascarpone und Zucker glatt rühren. Sahne mit Sahnesteif aufschlagen, unter die Quarkcreme heben. Konfitüre auf dem Kuchenboden verstreichen. Erdbeeren waschen, trocken tupfen, Kelchblätter entfernen. Mit der Schnittfläche nach unten auf die Marmelade setzen.

3 Die Erdbeeren mit der Quarkcreme bedecken. Die Kuchenbrösel darauf verteilen. Die Fruchtgummideko aufstreuen. Den Kuchen mindestens 1 Std. kalt stellen.

Für 1 Springform (26 cm ∅; 12 Stücke) • 45 Min. Zubereitung • 2 Std. 30 Min. Kühlen •
Pro Stück ca. 345 kcal, 4 g E, 25 g F, 26 g KH

MONSTERKUCHEN

LUSTIG UND LECKER

FÜR DEN BODEN

200 g Vollkorn-Kekse
125 g Butter

FÜR DIE CREME

1 Pck. Götterspeise Waldmeister
200 g Doppelrahm-Frischkäse
100 g Zucker
300 g Sahne

FÜR DIE DEKO

grüner, weißer und roter Fondant
Zuckerauge
Schokolinsen

TIPP
Frischkäsetorte meets Wackelpudding. Für ein rotes Monster kann man die Waldmeister-Götterspeise auch durch Himbeer-Götterspeise ersetzen.

BODEN: Die Vollkorn-Kekse in einen Gefrierbeutel füllen, den Beutel verschließen und den Inhalt mit einem Nudelholz vollständig zerbröseln. Die Butter schmelzen und mit den Keksbröseln vermischen. Die Masse in eine mit Backpapier ausgelegte Springform füllen und mithilfe eines Esslöffels fest andrücken. Im Kühlschrank 30 Min. kalt stellen.

CREME: Das Götterspeisenpulver mit 150 ml Wasser mischen und in einem kleinen Topf erhitzen, aber nicht zum Kochen bringen. Anschließend abkühlen lassen.

Mit den Schneebesen des Handrührgeräts den Frischkäse mit dem Zucker verrühren. Die flüssige Götterspeise hinzufügen und unterrühren. Die Sahne steif schlagen und unter die Creme heben. Die Waldmeistercreme auf dem Kuchenboden verteilen und die Torte mindestens 2 Std. kalt stellen.

DEKO: Aus Fondant Arm, Zunge, Füße und Zähne formen. Für den Mund aus dem Kuchen seitlich ein Stück herausschneiden. Kurz vor dem Servieren Fondantteile auflegen bzw. einstecken. Mit Zuckerauge und Schokolinsen verzieren.

Für 12 Stücke • 1 Std. 15 Min. Zubereitung • 2 Std. Kühlen • Pro Stück ca. 355 kcal, 6 g E, 20 g F, 38 g KH

BIENENTORTE

SÜSSER EYECATCHER

3 helle Wiener Böden (Fertigprodukt)
500 g Sahne
3 Pck. Vanillezucker
6 Blatt Gelatine
50 g Zartbitter-Schokolade
7 Aprikosenhälften (Dose)
14 Zuckeraugen
7 schokolierte Mandeln
14 Mandelblättchen
250 ml Maracujasaft
1 Pck. Vanillesaucenpulver (ohne Kochen)

AUSSERDEM

Tortenring (10 cm hoch)
Spritzbeutel mit kleiner Lochtülle

1 Den ersten Boden mit dem Tortenring umschließen. Sahne und Vanillezucker steif schlagen. Gelatine in kaltem Wasser etwa 5 Min. einweichen, ausdrücken und tropfnass in einem Topf bei kleiner Hitze auflösen. Mit 2 EL Sahne mischen. Unter Rühren zur übrigen Sahne geben. Ein Drittel der Masse auf dem Boden verteilen. Auch den zweiten und dritten Boden mit je einer Schicht Creme bedecken und darüberstapeln. 2 Std. kalt stellen. Tortenring lösen.

2 Für die Bienen Zartbitter-Schokolade schmelzen und in einen Spritzbeutel mit kleiner Lochtülle füllen. Aprikosen trocken tupfen und auf einen Bogen Backpapier legen. Schokoladenstreifen quer über die Aprikosen spritzen. Zuckeraugen mit geschmolzener Schokolade auf die schokolierte Mandel kleben und je 2 Mandelblättchen als Flügel in die Aprikosen stecken.

3 Den Maracujasaft mit dem Saucenpulver verquirlen. Sobald die Masse eindickt, auf der Torte verteilen. Bienenköpfe und -körper auf den Kuchen setzen.

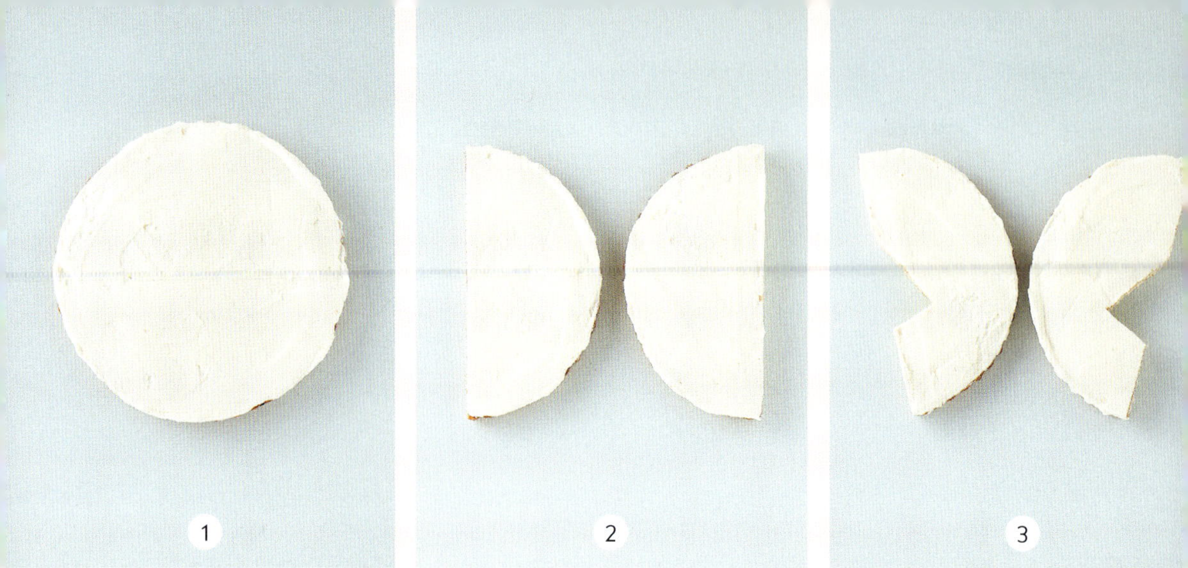

SCHMETTERLINGSKUCHEN

FRUCHTIG

Für 12 Stücke • 1 Std. Zubereitung • 1 Std. Kühlen • Pro Stück ca. 165 kcal, 2 g E, 6 g F, 26 g KH

100 g Sahne
2 Pck. Sahnesteif
75 g Zucker
100 g Schmand
1 Biskuit-Tortenboden
50 g Himbeeren
50 g Erdbeeren
100 g Heidelbeeren
50 g grüne Weintrauben
1 kleine Dose Aprikosen (280 g Abtropfgewicht)
1 Pck. Tortenguss (weiß)
2 EL Puderzucker
2 Schokosticks
1 Doppelkeks
2 Zuckeraugen
2 rosa Schokolinsen

1 Die Sahne mit den Schneebesen des Handrührgeräts steif schlagen, dabei 1 Pck. Sahnesteif und Zucker einrieseln lassen. Schmand mit übrigem Sahnesteif glatt rühren. Die Sahne unter die Schmandcreme heben.

2 Sahnecreme auf dem Biskuitboden verteilen und glatt streichen (Bild 1). 1 Std. im Kühlschrank kalt stellen.

3 Die Torte mit einem Messer so halbieren, dass zwei Halbkreise entstehen. Die Halbkreise mit der Rundung zueinander drehen (Bild 2). Für die Schmetterlingsflügel ein Stück unterhalb der Mitte rechts und links jeweils ein kleines Tortenstück herausschneiden (Bild 3).

4 Das Obst waschen und trocken tupfen. Die Erdbeeren putzen und in Scheiben schneiden, die Weintrauben halbieren. Die Aprikosen in ein Sieb abgießen und abtropfen lassen. 4 Aprikosenhälften beiseitelegen. Übrige Aprikosen in Spalten schneiden. Die Flügel mit dem Obst verzieren (Bild 4).

5 Den Tortenguss nach Packungsanweisung zubereiten. Noch heiß esslöffelweise auf dem Obst verteilen und erkalten lassen.

6 Den Puderzucker in einem kleinen Schälchen mit wenigen Tropfen Wasser zu einem festen Zuckerguss verrühren. Die Schokosticks auf der Rückseite des Doppelkeks damit befestigen. Zuckeraugen und Schokolinsen auf die Vorderseite kleben (Bild 5). Den Kekskopf und die beiseitegelegte Aprikosenhälften auf den Kuchen legen (Bild 6).

Für 1 Gugelhupfform (18 cm ∅; 6 Stücke) • 50 Min. Zubereitung • 1 Std. Backen • Pro Stück ca. 595 kcal, 9 g E, 24 g F, 85 g KH

GEBURTSTAGSGUGELHUPF

GUT VORZUBEREITEN

FÜR DEN GUGELHUPF
125 g weiche Butter
150 g Zucker
1 Pck. Vanillezucker
3 Eier (M)
50 ml Milch
250 g Mehl
½ Pck. Backpulver

FÜR DIE DEKO
75 g Puderzucker
verschiedene Zuckeraugen
5–7 kleine Schokoküsse
bunte Schokolinsen
Zuckerstreusel

AUSSERDEM
Fett für die Form
Fotokarton
Pompons
Klebestift

GUGELHUPF: Den Backofen auf 160° (Umluft) vorheizen. Die Gugelhupfform fetten. Weiche Butter, Zucker und Vanillezucker mit den Schneebesen des Handrührgeräts schaumig schlagen. Die Eier einzeln einrühren. Die Milch hinzufügen. Mehl mit Backpulver mischen und unterrühren. Den Teig in die Form füllen. Im heißen Ofen (Mitte) 1 Std. backen. Den Gugelhupf in der Form auskühlen lassen, erst dann vorsichtig auf ein Kuchengitter stürzen.

DEKO: Puderzucker mit etwas Wasser zu einem dickflüssigen Guss verrühren, mit einem Löffel über den Kuchen verteilen und an den Seiten etwas runterlaufen lassen. Zuckeraugen mit einem Klecks Zuckerguss an den Schokoküssen festkleben. Dann den Kuchen mit Schokoküssen, Schokolinsen und Zuckerstreuseln verzieren und den Zuckerguss trocknen lassen.

Für die Partyhütchen einen Kreis aus Fotokarton ausschneiden und halbieren. Zu einer spitzen Tüte formen, die überlappenden Seiten mit etwas Klebestift festkleben. Einen kleinen Pompon mit Klebestift an der Hutspitze befestigen.

Für 1 Kastenform (30 cm Länge; 12 Stücke) • 50 Min. Zubereitung • 2 Std. Kühlen •
Pro Stück ca. 475 kcal, 5 g E, 32 g F, 43 g KH

PIRATENSCHIFF

SCHOKOLADIG

FÜR DEN SCHICHTKUCHEN
250 g Kokosfett
200 g Puderzucker
1 Pck. Vanillezucker
80 g Kakaopulver
2 Eier (M)
250 g Butterkekse

FÜR DIE DEKO
100 g Zartbitter-Kuvertüre
Schokoriegel
7 Schokowaffelröllchen
Schokolinsen

AUSSERDEM
Fotokarton
2 Holzspieße

KUCHEN: Das Kokosfett grob hacken und bei kleiner Hitze in einem Topf schmelzen. Abkühlen lassen und in eine Rührschüssel füllen. Puderzucker, Vanillezucker und Kakaopulver hinzufügen und mit den Schneebesen des Handrührgeräts cremig schlagen. Die Eier nacheinander unterrühren.

Eine Kastenform mit Backpapier auslegen. Die Schokoladenmasse und die Kekse abwechselnd in die Kastenform schichten. Den Schichtkuchen abgedeckt mindestens 2 Std. in den Kühlschrank stellen.

DEKO: Den Kuchen aus der Form nehmen. Die Kuvertüre in Stücke brechen und über dem heißen Wasserbad oder in der Mikrowelle schmelzen. Die Schokoriegel mit etwas Kuvertüre rings um den Kuchenrand kleben. Schokowaffelröllchen als Kanone und Aufbauten sowie Schokolinsen als Bullaugen seitlich mit Kuvertüre festkleben.

Aus Fotokarton vier Segel schneiden. Je zwei Segel auf einen Holzspieß stecken und die Segel in den Kuchen stecken.

SÜSSE KLEINIGKEITEN

Für 8 Stück • 45 Min. Zubereitung • 20 Min. Backen • Pro Stück ca. 290 kcal, 6 g E, 12 g F, 39 g KH

BÄREN-SCONES

NIEDLICH

FÜR DIE SCONES

250 g Mehl und Mehl zum Arbeiten
1 EL Backpulver
60 g Zucker
Salz
50 g kalte Butter
120 ml Milch
1 Ei (M)
1 Eigelb (M)

FÜR DIE VERZIERUNG

Zartbitter-Kuvertüre
weiße Kuvertüre
8 Rosinen
2 Spritzbeutel mit kleiner Lochtülle

1 Den Backofen auf 180° (Umluft) vorheizen. Ein Backblech mit Backpapier auslegen. Das Mehl in einer Rührschüssel mit Backpulver, Zucker und 1 Prise Salz mischen. Die kalte Butter mit den Schneebesen des Handrührgeräts einarbeiten, bis der Teig in etwa die Konsistenz von krümeligem Sand hat. 100 ml Milch und das Ei unterrühren.

2 Die Arbeitsfläche leicht bemehlen, den Teig daraufgeben und ebenfalls mit Mehl bestäuben. Teig in acht Portionen teilen. Aus jeder Portion ein Bärengesicht, Ohren und Augenbrauen formen, zusammensetzen und leicht andrücken. Das Eigelb mit der übrigen Milch verquirlen. Die Scones auf das Backblech setzen und mit dem Ei-Mix bestreichen. Im heißen Ofen (Mitte) 15–20 Min. backen.

3 Zartbitter- und weiße Kuvertüre jeweils in getrennte Schälchen füllen und über dem heißen Wasserbad oder in der Mikrowelle schmelzen. Jeweils in einen Spritzbeutel mit kleiner Lochtülle füllen. Dann die Schnauze mit weißer Schokolade aufspritzen. Anschließend Augen und Mund mit dunkler Schokolade aufmalen und 1 Rosine als Nase auflegen.

Für 10 Stück • 1 Std. 25 Min. Zubereitung • 2 Std. Kühlen • 10 Min. Backen •
Pro Stück ca. 440 kcal, 5 g E, 18 g F, 64 g KH

PINGUIN AUF EISSCHOLLE

GUT VORZUBEREITEN

125 g weiche Butter
70 g Zucker
1 Ei (M)
250 g Mehl und Mehl zum Arbeiten
½ TL Backpulver
1 Pck. Bourbon-Vanillearoma
5 Marshmallows

FÜR DIE DEKO

150 g Zartbitter-Kuvertüre
5 gelbe Schokolinsen
10 Marshmallows
20 Zuckeraugen
15 Mini-Baisers
250 g Puderzucker
1 Eiweiß (M)
10 Holzspieße

1 Butter, Zucker und Ei cremig rühren. Mehl, Backpulver und Vanillearoma unterrühren. Den Teig zu einer glatten Rolle formen, in Frischhaltefolie wickeln und 2 Std. kalt stellen.

2 Den Backofen auf 160° (Umluft) vorheizen. Ein Backblech mit Backpapier auslegen. Den Teig in 20 Portionen teilen, mit Mehl zu Kugeln formen und zu ca. 9 × 6 cm großen Ovalen (Eisschollen) ausrollen. In die Mitte von zehn Eisschollen je ½ Marshmallow platzieren, mit einer zweiten Scholle zudecken. Seiten andrücken. Teigtaschen im Ofen (Mitte) 10 Min. backen.

3 Kuvertüre schmelzen. Schokolinsen quer halbieren. Je 1 Marshmallow auf einen Holzspieß stecken und von oben und an beiden Seiten in die Schokolade tauchen (Bild links). Zuckeraugen und Schnabel befestigen. Baisers zerbröseln.

4 Eiweiß verrühren. Mit Puderzucker zu steifem Zuckerguss schlagen. Kekse oben in Zuckerguss tauchen (Bild rechts). Pinguin daraufsetzen und mit Baiserkrümeln bestreuen.

Für 12 Stück • 1 Std. Zubereitung • 30 Min. Backen • Pro Stück ca. 510 kcal, 7 g E, 17 g F, 82 g KH

CLOWN-AMERIKANER

EINFACH

FÜR DIE AMERIKANER

200 g weiche Butter
150 g Zucker
Salz
4 Eier (M)
8 EL Milch
400 g Mehl
2 Pck. Vanille-Puddingpulver
5 TL Backpulver

FÜR DIE DEKO

350 g Puderzucker
5 EL Zitronensaft
24 große rosa Schokolinsen
24 kleine blaue Schokolinsen
12 rote Schaumgummis
6 Fruchtgummiringe
1 Becher rosa Zuckerwatte (40 g)
1 Lakritzschnecke

1 Den Backofen auf 175° (Umluft) vorheizen. Drei Backbleche mit Backpapier auslegen.

2 Die weiche Butter, Zucker und 1 Prise Salz mit den Schneebesen des Handrührgeräts cremig rühren. Die Eier nacheinander unterrühren. Die Milch hinzufügen. Mehl, Puddingpulver und Backpulver mischen und ebenfalls unterrühren.

3 Den Teig in einen Spritzbeutel mit großer Lochtülle füllen und auf jedes Backblech vier Teigkreise (à ca. 8 cm ∅) setzen.

4 Die Backbleche nacheinander in den heißen Ofen (Mitte) schieben und die Scones jeweils 10 Min. backen. Herausnehmen und auf einem Kuchengitter abkühlen lassen.

5 Den Puderzucker und den Zitronensaft in einer Schüssel zu einem dicken Guss verrühren. Die flache Seite der Amerikaner mit dem Zuckerguss bestreichen.

6 Jeden Clown mit Schokolinsen, Schaumgummi, halbierten Fruchtgummiringen, Zuckerwatte und Lakritzschnecke verzieren.

Für 30 Stück • 45 Min. Zubereitung • 2 Std. Kühlen • 15 Min. Backen • Pro Stück ca. 115 kcal, 2 g E, 6 g F, 12 g KH

MEDAILLEN-KEKSE

GUT VORZUBEREITEN

150 g weiche Butter
100 g Zucker
1 Ei (M)
1 Prise Salz
6 Tropfen Bittermandelöl
250 g Mehl
1 TL Backpulver
100 g gemahlene Mandeln

AUSSERDEM

gelber Fondant
Strohhalm
Mehl zum Arbeiten
Kreis-Ausstecher (7 cm ∅)
Stern-Ausstecher (5,5 cm ∅)
karierte Satinbänder

1 Butter und Zucker mit den Schneebesen des Handrührgeräts schaumig schlagen. Ei unterrühren. Die übrigen Teigzutaten in einer weiteren Schüssel vermischen, zur Butter-Zucker-Ei-Mischung geben und mit den Knethaken des Handrührgeräts zu einem glatten Teig verkneten. Den Teig in Frischhaltefolie wickeln und 2 Std. kalt stellen.

2 Den Backofen auf 180° (Umluft) vorheizen, ein Backblech mit Backpapier auslegen. Teig dritteln und jede Portion auf einer bemehlten Arbeitsfläche ca. 5 mm dick ausrollen. Kreise (à 9 cm ∅) ausstechen, aufs Blech legen und mit einem Strohhalm jeweils ein Loch in jeden Keks stanzen. Medaillen im heißen Ofen (Mitte) 12–15 Min. backen und abkühlen lassen.

3 Fondant 0,5 cm dick ausrollen. Sterne ausstechen, auf einer Seite dünn mit Wasser bestreichen und mittig auf die Medaillen kleben. Satinbänder zurechtschneiden, durch die Löcher ziehen und verknoten.

Für 8 Stück • 30 Min. Zubereitung • 30 Min. Kühlen • Pro Stück ca. 215 kcal, 3 g E, 12 g F, 23 g KH

MONSTER AM STIEL

SCHNELL

300 g Zartbitter-Kuvertüre
8 dunkle Doppelkekse
Zuckeraugen
8 Lollistiele

TIPP
Lassen Sie die Kinder ran! Vor dem Fest bereiten Sie nur die Kekse am Stiel vor. Ihre kleinen Gäste können sie dann selbst in Schokolade tauchen und mit Augen und weiterer Deko nach Wahl verzieren.

1 Zwei flache Teller mit Backpapier auslegen. Die Kuvertüre in Stücke brechen und in einer Schüssel über dem heißen Wasserbad oder in der Mikrowelle schmelzen.

2 Die Lollistiele mit der Spitze in die Schokolade tauchen. Schokoladenspitze zwischen die Kekshälften stecken. Kekse am Stiel auf das Backpapier legen und 30 Min. kalt stellen.

3 Die Kuvertüre bei Bedarf erneut erhitzen, sie sollte idealerweise Zimmertemperatur haben. Die Kekse in die Schokolade tauchen, gut abtropfen lassen und die Monster am Stiel zum Trocknen wieder auf das Backpapier legen.

4 Die Zuckeraugen auflegen. Die Schokoladenglasur bei Raumtemperatur fest werden lassen.

Für 12 Stück • 25 Min. Zubereitung • 20 Min. Backen • Pro Stück ca. 280 kcal, 5 g E, 21 g F, 17 g KH

PANDABÄREN-WINDBEUTEL

SÜSSE HINGUCKER

FÜR DEN BRANDTEIG

Salz
100 g Butter
150 g Mehl
4 Eier (M)

FÜR DIE CREME

400 g Sahne
30 g Puderzucker
2 Pck. Sahnesteif
1 Pck. Vanillezucker

FÜR DIE DEKO

50 g Zartbitter-Chocolate-Chips
1 EL Zartbitter-Schokoladenstreusel

AUSSERDEM

2 Spritzbeutel mit großer Lochtülle
Fotokarton
Pompons
Klebestift

BRANDTEIG: Den Backofen auf 200° (Umluft) vorheizen. Ein Backblech mit Backpapier auslegen. 125 ml Wasser, ½ TL Salz und Butter in einem Topf zum Kochen bringen, vom Herd nehmen und das Mehl hinzufügen. Topf wieder auf den Herd stellen und den Teig rühren, bis er sich zu einem Kloß formt und sich am Topfboden eine weiße Haut gebildet hat. Den Teig in eine Rührschüssel geben und abkühlen lassen.

Die Eier nacheinander unter den Teig rühren. Den Teig in einen Spritzbeutel mit großer Lochtülle füllen und 4–5 cm große runde Teighäufchen auf das Backblech spritzen. Genügend Platz dazwischen lassen. Die Windbeutel im heißen Ofen (Mitte) 20 Min. backen. Herausnehmen und sofort mit einem Messer anschneiden. Abkühlen lassen.

CREME: Die Sahne mit Puderzucker, Sahnesteif und Vanillezucker steif schlagen und mithilfe eines Spritzbeutels mit Lochtülle in die Windbeutel füllen.

DEKO: 7 Choclate-Chips und 3 Schokoladenstreusel pro Pandabär zurechtlegen. 2 Chips als Ohren, 2 Chips als Augen, 1 Chip als Nase und 2 Chips als Pfoten in die Sahne stecken. Aus 3 Schokoladenstreuseln einen Mund formen.

Für die Partyhütchen einen Kreis aus Fotokarton ausschneiden und halbieren. Zu einer spitzen Tüte formen, die überlappenden Seiten mit etwas Klebestift festkleben. Einen kleinen Pompon mit Klebestift an der Hutspitze befestigen.

Für 1 Muffinform (12 Stück) • 40 Min. Zubereitung • 25 Min. Backen • Pro Stück ca. 370 kcal, 6 g E, 22 g F, 38 g KH

MUFFINS MIT PARTYHUT

EINFACH

250 g Mehl
3 TL Backpulver
75 g Zucker
100 g Butter
2 Eier (M)
75 ml Milch
1 Pck. Mohn-Back
1 Glas Kirschen (Abtropfgewicht 350 g)
400 g Sahne
2 Pck. Vanillezucker
2 Pck. Sahnesteif
18 bunte Muffin-Papierförmchen
Klebestift, Pompons
Spritzbeutel mit Lochtülle (12 mm ∅)

1 Backofen auf 160° (Umluft) vorheizen. Papierförmchen in die Mulden der Muffinform legen. Mehl mit Backpulver mischen. Zucker, Butter, Eier und Milch hinzufügen und zu einem glatten Teig rühren. Mohn-Back kurz unterrühren. Abgetropfte Kirschen unterheben.

2 Teig mithilfe von zwei Esslöffeln auf die Förmchen verteilen. Im heißen Ofen (Mitte) ca. 25 Min. backen. Muffins noch 10 Min. in der Form stehen lassen, dann auf einem Kuchengitter erkalten lassen.

3 Sahne mit Vanillezucker und Sahnesteif steif schlagen. Die Sahne in einen Spritzbeutel mit Lochtülle füllen und gleichmäßig auf die Muffins spritzen. Für die Partyhütchen je ein Muffin-Papierförmchen halbieren (Halbkreis), zu einer spitzen Tüte formen, die überlappende Seite mit etwas Klebestift festkleben. Einen kleinen Pompon mit Klebestift an der Hutspitze befestigen.

Für 1 Muffinform (12 Stück) • 45 Min. Zubereitung • 25 Min. Backen • 2 Std. Trocknen • Pro Stück ca. 330 kcal, 4 g E, 13 g F, 50 g KH

MARIENKÄFER-MUFFINS

GUT VORZUBEREITEN

100 g weiche Butter
1 Prise Salz
100 g Zucker
2 Eier (M)
100 g Joghurt
125 g Mehl
1 TL Backpulver
1 Eiweiß
250 g Puderzucker
rote Lebensmittelfarbe
ca. 70 Schokotropfen
6 dunkle Doppelkekse
24 rosa Schokolinsen
24 Zuckeraugen
1 Lakritzschnecke
12 Muffin-Papierförmchen

1 Backofen auf 175° (Umluft) vorheizen. Papierförmchen in die Mulden der Muffinform legen. Die weiche Butter mit Salz und Zucker cremig schlagen. Die Eier unterrühren. Den Joghurt hinzufügen. Mehl mit Backpulver unterrühren.

2 Teig mithilfe von zwei Esslöffeln auf die Förmchen verteilen. Im heißen Ofen (Mitte) ca. 25 Min. backen. Muffins noch 10 Min. in der Form stehen lassen, dann auf einem Kuchengitter erkalten lassen.

3 Eiweiß steif schlagen. Puderzucker und rote Lebensmittelfarbe dazugeben. Die Muffins mit der Oberfläche in den Zuckerguss tauchen. Schokotropfen als Marienkäferpunkte auflegen und ca. 2 Std. trocknen lassen. Kekse auseinanderdrehen. Rosa Schokolinsen als Bäckchen und die Zuckeraugen mit etwas Zuckerguss auf die Kekse kleben. Lakritzschnecke auseinanderziehen und je zwei Fühler abschneiden. Fühler mit Zuckerguss auf die Keksrückseite kleben. Den Keks-Kopf mit Zuckerguss an den Muffin kleben.

Für 12 Stück • 1 Std. 25 Min. Zubereitung • 45 Min. Backen • Pro Stück ca. 545 kcal, 8 g E, 35 g F, 50 g KH

POCAHONTAS-KUCHEN

FINGERFOOD

FÜR DEN KUCHEN
1 Bio-Zitrone
250 g Butter
200 g Zucker
1 Prise Salz
5 Eier (M)
250 g Mehl
2 TL Backpulver

FÜR DIE DEKO
400 g Zartbitter-Kuvertüre
20 Schokosticks
20 Schokotropfen
20 rosa Schokolinsen
10 Fruchtgummistreifen
rote und grüne Zuckerschrift

AUSSERDEM
10 Eisstiele
Fotokarton

KUCHEN: Die Zitrone heiß waschen, trocken reiben. Die Schale abreiben, den Saft auspressen. Backofen auf 160° (Umluft) vorheizen. Ein tiefes Backblech (40 × 26 cm) mit Backpapier auslegen. Butter, Zucker und Salz schaumig rühren. Eier nach und nach unterrühren. Zitronenschale und Zitronensaft hinzufügen. Mehl mit Backpulver mischen und unterrühren. Den Teig in die vorbereitete Form füllen, Oberfläche glatt streichen und im heißen Ofen (Mitte) ca. 45 Min. backen.

Herausnehmen und abkühlen lassen. Kuchen aus der Form lösen und in ca. 8 × 13 cm große Stücke schneiden.

DEKO: Die Kuvertüre klein hacken und über dem heißen Wasserbad oder in der Mikrowelle schmelzen.

Backpapier auslegen. Kuchenstücke jeweils mit einer der schmalen Seiten und schräg an beiden langen Seiten in die Kuvertüre tauchen und auf das Backpapier legen. Eine Seite der Eisstiele in die Kuvertüre tauchen und dann unten in das Kuchenstück stecken. Jeweils 2 Schokosticks in die Kuvertüre tauchen und seitlich in den Kuchen stecken.

Schokotropfen, Schokolinsen und Fruchtgummistreifen mit etwas Kuvertüre ankleben. Feinheiten mit Zuckerschrift aufmalen. Aus dem Fotokarton Federn ausschneiden und oben in die Köpfe stecken.

GU CLOU

Kleinigkeiten am Stiel sind für Kinder perfekt. Die Portionen sind überschaubar, man braucht kein Besteck und die Finger bleiben sauber.

HERZHAFTES

Für 8 Stück • 40 Min. Zubereitung • 15 Min. Backen • Pro Stück ca. 310 kcal, 17 g E, 15 g F, 27 g KH

MONSTERPIZZA

KINDERLIEBLING

200 g passierte Tomaten (aus der Dose)
2 EL Tomatenmark
2 TL Pizzagewürz
Salz, Pfeffer
75 g Champignons
4 kleine Cabanossi
schwarze Oliven
je 1 rote und grüne Paprika
1 Scheibe Kochschinken
4 Kirschtomaten
125 g Mini-Mozzarella
1 Handvoll Rucola (nach Belieben)
2 EL Mais (aus der Dose)
1 fertig ausgerollter Pizzateig auf Backpapier (400 g; aus dem Kühlregal)
150 g geriebener Gouda
50 g geriebener Cheddar

1 Backofen auf 200° (Umluft) vorheizen. Backblech mit Backpapier auslegen.

2 Passierte Tomaten, Tomatenmark und Pizzagewürz verrühren. Mit Salz und Pfeffer abschmecken. Champignons putzen und in dünne Scheiben schneiden. Cabanossi und Oliven jeweils in Scheiben schneiden. Paprika halbieren, weiße Trennwände und Kerne entfernen, waschen und wie den Kochschinken in Streifen schneiden. Cocktailtomaten halbieren. Mozzarella abtropfen lassen und in Scheiben schneiden. Rucola waschen und trocken schütteln. Mais bereitstellen.

3 Den Pizzateig auf der Arbeitsfläche entrollen. Mithilfe einer umgedrehten Schüssel (12 cm ∅) und eines scharfen Messers Kreise aus dem Teig ausschneiden und auf das Blech legen. Teigplatten gleichmäßig mit Tomatensauce bestreichen. Aus den verschiedenen Zutaten Monstergesichter formen.

4 Pizza mit Käse bestreuen und 10–15 Min. im heißen Ofen (Mitte) backen. Nach Belieben mit Rucola garnieren.

GU
CLOU

Diese lustigen Pizzas passen in jede Kinderhand. Man kann Kinder auch bei der Gestaltung mitwirken lassen.

Für 16 Stück • 30 Min. Zubereitung • Pro Stück ca. 85 kcal, 7 g E, 4 g F, 4 g KH

PARTYPFAU

VITAMINREICH

1 Birne
1 Möhre
32 Heidelbeeren
16 Erdbeeren
16 Weintrauben
2 Mandarinen
400 g junger Gouda (am Stück)
1 TL Erdnussmus

AUSSERDEM
16 Holzspieße
2 Zuckeraugen

1 Die Birne längs halbieren. 1 Hälfte beiseitelegen, die andere in Würfel schneiden. Die Möhre schälen und in ca. 5 mm dicke Scheiben schneiden. Mit einem scharfen Messer aus den Scheiben Füße und Schnabel zurechtschneiden.

2 Die Beeren und die Weintrauben waschen und trocken tupfen. Die Mandarinen schälen und in einzelne Spalten teilen. Den Gouda in Würfel schneiden. Die Spieße immer in derselben Reihenfolge mit Obst und Käse bestücken.

3 Die Spieße auf einer großen Platte in einem Halbkreis anordnen. Die Zuckeraugen und den Schnabel mit etwas Erdnussmus auf die Birnenhälfte kleben. Die Spieße wahlweise in den Pfauenkörper stecken oder die Birnenhälfte über die Mitte der Spieß-Enden legen und die Füße darunter platzieren.

Für 6 Portionen • 25 Min. Zubereitung • Pro Portion ca. 165 kcal, 5 g E, 14 g F, 4 g KH

KRAKE MIT DIP

EINFACH

3 rote Paprika
1 schwarze Olive
1 Scheibe Gouda
200 g Doppelrahm-Frischkäse
100 g Schmand
Salz, Pfeffer
Saft von ½ Zitrone
½ Bund Schnittlauch

AUSSERDEM
Strohhalm

1 Paprika waschen. 2 Paprika halbieren, weiße Trennwände und Kerne entfernen und die Hälften in Streifen schneiden. Die Olive längs halbieren. Aus dem Gouda mithilfe des Strohhalms 2 Kreise ausstechen und jeweils mit einem kleinen Klecks Frischkäse als Pupillen auf die Olivenhälften drücken. Die übrige Paprika unten etwas abschneiden, hochkant stellen und die Olivenaugen im unteren Drittel mit Frischkäse andrücken.

2 Übrigen Frischkäse und Schmand in einer Schüssel vermischen. Salz, Pfeffer und Zitronensaft hinzufügen. Den Schnittlauch waschen, trocken schütteln, in Röllchen schneiden und unterrühren.

3 Den Dip auf einem Teller anrichten. Die Paprika-Krake mittig in den Dip stellen. Auf jeder Seite 4 Paprikastreifen als Arme neben die Paprika legen. Die restlichen Paprikastreifen in einer Schale oder einem Glas daneben platzieren.

Für 10 Portionen • 35 Min. Zubereitung • Pro Portion ca. 330 kcal, 4 g E, 23 g F, 27 g KH

KOTZENDER KÜRBIS

FÜR HALLOWEEN

3 Avocados
1 Knoblauchzehe
2 Frühlingszwiebeln
½ TL Sambal Oelek
2 TL Limettensaft
½ TL gemahlener Kreuzkümmel
½ TL rosenscharfes Paprikapulver
50 g stückige Tomaten (Dose)
Salz, Pfeffer

FÜR DIE DEKO
Hokkaido-Kürbis
Nachos

1 Avocados halbieren und die Steine entfernen. Das Fruchtfleisch aus der Schale lösen und in eine Schüssel geben. Die Knoblauchzehe schälen und zerdrücken. Die Frühlingszwiebeln waschen, putzen und in Ringe schneiden.

2 Sambal Oelek, Limettensaft, Kreuzkümmel, Paprikapulver, Knoblauch und Frühlingszwiebeln zu den Avocados in die Schüssel geben und grob pürieren. Die Tomaten unterrühren. Mit Salz und Pfeffer würzen.

3 Den Kürbis waschen und trocken tupfen. Mit einem scharfen Messer vom Kürbis oben einen Deckel abschneiden. Den Kürbis mithilfe eines Esslöffels aushöhlen. Mit dem Messer Augen und Mund in die Schale schneiden. Kürbisgeist auf eine Platte setzen. Die Guacamole aus dem Kürbismund quellen lassen. Die Nachos ringsherum anrichten.

Für 10 Stück • 15 Min. Zubereitung •
Pro Stück ca. 120 kcal, 12 g E, 8 g F, 2 g KH

ROBOTERSPIESSE

SCHNELL

400 g Gouda (am Stück) • 3 Salzstangen • 10 Heidelbeeren • 20 Zuckeraugen • 1 EL Erdnussmus • 10 Holzspieße

1 Den Gouda mit einem scharfen Messer in je zehn 2 × 2,5 cm und 3 × 3,5 cm große Würfel schneiden. Die Salzstangen in ca. 3 cm lange Stücke brechen. Auf jedes Stück 1 Heidelbeere stecken. Erst die großen, dann die kleinen Käsewürfel nacheinander auf die Holzspieße spießen. Dazwischen etwas Abstand lassen.

2 Die Zuckeraugen auf der Rückseite mit einem kleinen Klecks Erdnussmus bestreichen und als Augen auf die kleineren Käsewürfel drücken.

3 Zum Schluss die Salzstangen mit Heidelbeere als Antennen oben in die kleineren Käsewürfel stecken und servieren.

Für 20 Stück • 25 Min. Zubereitung •
Pro Stück ca. 315 kcal, 22 g E, 22 g F, 8 g KH

TIERSPIESSE

FINGERFOOD

300 g Gouda (am Stück) • 2 Radieschen • 3 Salzbrezeln • Schnittlauch (ersatzweise Rosmarinnadeln) • 3 Wiener Würstchen • 5 Cocktailtomaten • 10 Nachos • 5 Salzstangen • schwarze Zuckerschrift • 20 Holzspieße

1 Gouda in 2 × 3 cm und 2 × 4 cm große Stücke schneiden. Radieschen in Scheiben schneiden und halbieren. Aus Endstücken Schnäbel und Haare schneiden. Salzbrezel-Nasen brechen. Schnittlauch in 2 cm lange Stücke schneiden.

2 Von den Würstchen jeweils 5 cm von jedem Ende abschneiden. An den Schnittkanten sechsmal bis zur Hälfte einschneiden und für 3 Min. in kochendem Wasser ziehen lassen. Einzelteile wie abgebildet auf Spieße stecken. Gouda und Cocktailtomaten vor dem Verzieren entsprechend einschneiden. Mit Zuckerschrift Schnabel aufkleben und Augen aufmalen.

Für 12 Stück • 20 Min. Zubereitung •
Pro Stück ca. 120 kcal, 4 g E, 11 g F, 1 g KH

UFOSPIESSE

FÜRS BÜFETT

6 Mini-Frikadellen (aus dem Kühlregal) • 250 g Fleischwurst (Mittelstück) • 1 Salatgurke • Schnittlauch • 12 Erbsen • Remoulade (Fertigprodukt; Tube) • 12 Holzspieße

1 Die Frikadellen halbieren. Fleischwurst in ca. 1 cm dicke Scheiben schneiden. Die Gurke waschen und in ca. 4 mm dicke Scheiben schneiden. Schnittlauch waschen, trocken schütteln und in ca. 1,5 cm lange Stücke schneiden. Die Erbsen mit der Spitze eines Holzspießes einstechen und Schnittlauch hineinstecken. Je 1 Scheibe Fleischwurst, 1 Gurkenscheibe und 1 Frikadellenhälfte auf einen Spieß stecken. Ein Loch für die Schnittlauch-Erbsen-Antenne bohren und einstecken.

2 Mit Remoulade Tupfen auf den Fleischwurstrand und auf die Frikadelle auftragen.

Für 20 Stück • 15 Min. Zubereitung •
Pro Stück ca. 85 kcal, 3 g E, 4 g F, 10 g KH

KNABBERSPINNEN

EINFACH

100 g Doppelrahm-Frischkäse • Salz, Pfeffer • 40 runde Salzcracker • 40 Salzstangen • 40 Zuckeraugen • 100 g Gouda (am Stück) • 20 Weintrauben • 20 Heidelbeeren • 20 Holzspieße

1 Den Frischkäse verrühren und mit Salz und Pfeffer würzen. Jeweils 1 Cracker mit Frischkäse bestreichen. 2 Salzstangen jeweils in vier gleich große Stücke brechen. Vier Spinnenbeine auf jeder Seite in die Frischkäsemasse drücken und einen zweiten Cracker darauflegen. Die Zuckeraugen mit einem Tupfer Frischkäse oben auf der Spinne befestigen.

2 Den Gouda in kleine Würfel schneiden. Das Obst waschen und trocken tupfen. Die Spieße mit Obst und Gouda bestücken. Die Spinne oben aufstecken.

Für 8 Stück • 15 Min. Zubereitung • Pro Stück ca. 335 kcal, 12 g E, 18 g F, 30 g KH

CROISSANT-KRABBEN

EINFACH

1 Dose Thunfisch (im eigenen Saft; 185 g Abtropfgewicht)
200 g Doppelrahm-Frischkäse
1 EL Sojasauce
Pfeffer
8 Croissants
½ Salatgurke
2 Tomaten
1 Kopf Lollo bionda

AUSSERDEM
3 EL Puderzucker
16 Zuckeraugen
16 Zahnstocher

1 Für die Füllung abgetropften Thunfisch, Frischkäse und Sojasauce in eine Schüssel geben und fein pürieren. Mit Pfeffer würzen. Croissants längs einschneiden und mit dem Dip füllen.

2 Gurke und Tomaten waschen, putzen und in Scheiben schneiden. Salat in Blätter teilen, waschen und trocken schleudern. Croissants mit Salatblättern, Gurken- und Tomatenscheiben belegen und wieder zuklappen.

3 Den Puderzucker mit wenigen Tropfen Wasser zu einem festen Zuckerguss verrühren.

4 Zuckeraugen rückseitig mit Zuckerguss bestreichen und die bestrichenen Flächen an eine Zahnstocherspitze drücken. Etwas antrocknen lassen. Stielaugen oben in das Croissant stecken.

Für 8 Stück • 40 Min. Zubereitung • 15 Min. Backen • Pro Stück ca. 180 kcal, 8 g E, 10 g F, 15 g KH

KARTOFFELSCHIFFE

GUT VORZUBEREITEN

8 mittelgroße Kartoffeln
Salz
200 g saure Sahne
1 Dose Mais (140 g Abtropfgewicht)
Pfeffer
100 g Gouda (am Stück)
50 g Cheddar (am Stück)

AUSSERDEM
1 Salatgurke
1 rote Paprika
16 Holzspieße

1 Die Kartoffeln waschen und mitsamt Schale ca. 20 Min. in Salzwasser kochen, abgießen und abkühlen lassen. Backofen auf 200° (Umluft) vorheizen. Backblech mit Backpapier auslegen. Die Kartoffeln längs halbieren. Kartoffeln mit einem Löffel aushöhlen. Das Kartoffelfleisch zerdrücken. Saure Sahne, Mais, Salz und Pfeffer hinzufügen. Käse reiben und die Hälfte unter die Kartoffelmasse mischen.

2 Die Kartoffelhälften mit der Käse-Mischung füllen und den restlichen Käse darüberstreuen. Kartoffelschiffe auf das Backblech setzen und im heißen Ofen 10–15 Min. backen.

3 Für die Segel die Gurke waschen, abtrocknen und quer halbieren. Jede Hälfte der Länge nach in 8 dünne Streifen schneiden. Die Paprika halbieren, weiße Trennwände und Kerne entfernen, waschen und aus der Paprika 16 kleine Fähnchen schneiden. Die Gurkenstreifen und die Paprikafahnen auf die Spieße stecken und als Segel in die Kartoffelboote spießen.

Für 6 Stück • 45 Min. Zubereitung • 30 Min. Ruhen • 15 Min. Backen • Pro Stück ca. 385 kcal, 21 g E, 19 g F, 32 g KH

SCHILDKRÖTENBRÖTCHEN

SCHNELL

FÜR DEN TEIG

5 g frische Hefe
300 g Mehl und Mehl zum Arbeiten
1 TL Backpulver
Salz
2 EL Pflanzenöl
1 Eigelb
1 EL Joghurt

FÜR DIE DEKO

3 kleine Snackgurken
Eisbergsalat
Remoulade (Fertigprodukt; Tube)
6 Scheiben Gouda
6 Scheiben Kochschinken
12 Zuckeraugen

1 Ein Backblech mit Backpapier auslegen. Die Hefe in 175 ml warmem Wasser auflösen. In einer Rührschüssel Mehl, Backpulver und 1 TL Salz vermischen. Den Hefemix, den Mehlmix und das Öl mit den Knethaken des Handrührgeräts zu einem glatten Teig kneten.

2 Mit bemehlten Händen sieben Teigkugeln formen und etwas platt drücken. Eine Teigkugel zu vielen kleinen Kugeln formen und diese als Panzer auf der Oberfläche der übrigen Brötchen festdrücken. Brötchen auf das Backblech legen, mit einem sauberen Geschirrtuch abdecken und 30 Min. gehen lassen. Backofen auf 200° vorheizen. Eigelb und Joghurt verrühren. Brötchen mit der Eigelb-Joghurt-Mischung einpinseln und im Ofen (Mitte) ca. 15 Minuten backen. Abkühlen lassen.

3 Inzwischen die Snackgurken waschen, abtrocknen und längs in 4–5 mm dünne Scheiben schneiden. Die Hälfte der Scheiben halbieren und für die Schildkrötenköpfe beiseitelegen. Aus der anderen Hälfte Beine schneiden. Den Salat waschen und trocken schleudern.

4 Die Brötchen in zwei Hälften schneiden. Mit Remoulade bestreichen und mit Gouda, Kochschinken und Salatblättern belegen. Gurkenscheiben einstecken und die Zuckeraugen auf den Schildkrötenkopf setzen.

Für 10 Portionen • 10 Min. Zubereitung • Pro Portion ca. 185 kcal, 10 g E, 9 g F, 16 g KH

BAGUETTE-SCHLANGE

EINFACH

1 Baguette
1 Salatgurke
4 Tomaten
100 g Rucola
50 g Butter
6 Scheiben Putenbrustaufschnitt
6 Scheiben Gouda
1 Stück rote Paprika
1 grüne Olive (mit Paprika gefüllt)

1 Das Baguette der Länge nach halbieren und in zehn gleich große Stücke schneiden. Die Gurke und die Tomaten waschen und abtrocknen. Beides in dünne Scheiben schneiden. Den Rucola waschen und trocken schleudern.

2 Alle Baguettestücke mit Butter bestreichen. Die Unterhälften jeweils mit Rucola, Putenbrustaufschnitt, Gouda, Gurken- und Tomatenscheiben belegen. Die Oberhälften darüberlegen.

3 Das Paprikastück zu einer Zunge schneiden und vorn in das Anfangsstück des Baguettes stecken. Die Olive halbieren und als Augen auflegen. Die Baguette-Stücke schlangenförmig auf einer Platte anrichten und servieren.

Für 8 Stück • 20 Min. Zubereitung • Pro Stück ca. 335 kcal, 11 g E, 17 g F, 34 g KH

HOTDOG-AUTOS

FÜRS BÜFETT

8 Hotdog-Brötchen
8 Wiener Würstchen
1 Salatgurke
1 Möhre
8 Kirschtomaten
2 EL Erbsen
mittelscharfer Senf

AUSSERDEM
16 Zahnstocher

1 Hotdog-Brötchen von oben längs einschneiden. Die Würstchen 3 Min. in heißem Wasser ziehen lassen, dann abgießen und abtropfen lassen. Die Gurke waschen, trocken tupfen und in 32 dünne Scheiben schneiden. Übrige Gurke längs in dünne Streifen schneiden. Die Möhre schälen und ebenfalls in 32 dünne Scheiben schneiden. Die Kirschtomaten waschen und abtrocknen.

2 Die Würstchen in die Brötchen legen. Je zwei Zahnstocher seitlich durch jedes Brötchen stecken.

3 Zuerst die Gurkenscheiben, dann je 1 Möhrenscheibe und 1 Erbse auf die Zahnstocherspitze stecken. Einen dünnen Streifen Gurke längs auf die Wurst legen. Mit dem Senf einen dünnen Streifen darüberziehen. Die Cocktailtomate als Fahrer darauflegen.

1

2

3

OMELETTSCHNECKEN

RAFFINIERT

4

5

6

Für 8 Portionen • 25 Min. Zubereitung • 25 Min. Backen • Pro Portion ca. 290 kcal, 25 g E, 20 g F, 2 g KH

8 Eier (M)
Schnittlauch
Salz, Pfeffer
250 g Kochschinken (in Scheiben)
250 g Gouda (in Scheiben)

AUSSERDEM
4 Wiener Würstchen
16 Mini-Marshmallows
schwarze Zuckerschrift
Zahnstocher

1 Backofen auf 175° vorheizen. Die Eier gut verrühren. Den Schnittlauch waschen und trocken schütteln. Vier Stängel beiseitelegen, übrige in Röllchen schneiden und unter die verquirlten Eier rühren. Mit Salz und Pfeffer würzen. Den Teig auf ein mit Backpapier ausgelegtes Backblech (44 x 37 cm) gießen (Bild 1) und im heißen Ofen (Mitte) ca. 25 Min. backen.

2 Das Omelett mithilfe des Backpapiers einmal auf- und wieder entrollen (Bild 2). Das Omelett mit Käse und Schinken belegen (Bild 3) und nochmals mithilfe des Backpapiers Stück für Stück aufrollen. 10 Min. ruhen lassen. Die Omelettrolle in Scheiben schneiden (Bild 4).

3 Von den Wiener Würstchen von beiden Enden ca. 5 cm lange Stücke schräg abschneiden. Beiseitegelegten Schnittlauch in 2 cm lange Stücke schneiden. Auf einer Platte die Omelettröllchen aufrecht anordnen. Dann die Würstchen als Schneckenkopf davor platzieren.

4 Mit einem Zahnstocher für die Schnittlauchfühler Löcher in die Würstchen bohren und einstecken. Zahnstocher in kleine Stücke brechen, Mini-Marshmallows auf eine Seite stecken, mit Zuckerschrift Pupillen aufmalen und die Augen dann in den Wurstkopf stecken (Bild 5).

REGISTER

Vegetarische Rezepte, die im Buch mit einem 🌿 gekennzeichnet sind, sind hier grün abgesetzt.

M

O/P

Q/R

S

T

U/V/W

Abkürzungsverzeichnis:
E = Eiweiß
EL = Esslöffel (gestrichen)
F = Fett
kcal = Kilokalorien
KH = Kohlenhydrate
Msp. = Messerspitze
Pck. = Päckchen
TK = Tiefkühl
TL = Teelöffel (gestrichen)
Ø = Durchmesser

Projektleitung: Monika Greiner, Linh Nguyen
Lektorat: Margarethe Brunner
Korrektorat: Jutta Friedrich
Gesamtgestaltung: independent Medien-Design, Horst Moser, München
Herstellung: Gloria Schlayer
Satz: Kösel, Krugzell
Reproduktion: medienprinzen GmbH, München
Druck und Bindung: Firmengruppe APPL, aprinta druck, Wemding
Syndication: www.seasons.agency
Printed in Germany

1. Auflage 2020
ISBN 978-3-8338-7297-6

www.facebook.com/gu.verlag

GRÄFE UND UNZER
Ein Unternehmen der
GANSKE VERLAGSGRUPPE

DIE AUTORIN

Pia Deges hat Film- und Fernsehwissenschaften studiert und lange als TV-Redakteurin gearbeitet. Seit einigen Jahren lebt sie ihre Leidenschaft für Food-, DIY- und Gartenthemen als Autorin aus und hat schon zahlreiche Bücher, vor allem zu den Themen Basteln/DIY, veröffentlicht. Dies ist ihr erstes Buch bei GU.

DER FOTOGRAF

Michael Ruder arbeitet seit über 20 Jahren erfolgreich als Fotograf für Bücher und Zeitschriften. Er liebt die abwechslungsreiche Vielfalt von Stills, People- und Architekturfotografie, aber am liebsten mag er, wenn das Fotografierte lecker schmeckt. Sein Motto: »Vor die Kamera gehört richtiges Essen und vor allem richtig gutes Essen.« Zusammen mit **Pia Deges** (Foodstyling) hat er die lustigen Kuchen und kreativen Ideen für Kinderfeste stilvoll in Szene gesetzt.
www.lichtpunkt.cc

BILDNACHWEIS

Michael Ruder: S. 06–59, Stepfotos auf den Klappen & Autorenfoto
Coco Lang: S. 01, S. 05 und Stillleben auf den Klappen
Coverfoto: Kathrin Koschitzki

Umwelthinweis:
Dieses Buch ist auf PEFC-zertifiziertem Papier aus nachhaltiger Waldwirtschaft gedruckt.

QUALITÄTS G|U GARANTIE

LIEBE LESERINNEN UND LESER,

wir wollen Ihnen mit diesem Buch Informationen und Anregungen geben, um Ihnen das Leben zu erleichtern oder Sie zu inspirieren, Neues auszuprobieren. Wir achten bei der Erstellung unserer Bücher auf Aktualität und stellen höchste Ansprüche an Inhalt und Gestaltung. Alle Anleitungen und Rezepte werden von unseren Autoren, jeweils Experten auf ihrem Gebiet, gewissenhaft erstellt und von unseren Redakteuren/innen mit größter Sorgfalt ausgewählt und geprüft.

Haben wir Ihre Erwartungen erfüllt? Sind Sie mit diesem Buch und seinen Inhalten zufrieden? Haben Sie weitere Fragen zu diesem Thema? Wir freuen uns auf Ihre Rückmeldung, auf Lob, Kritik und Anregungen, damit wir für Sie immer besser werden können. Und wir freuen uns, wenn Sie diesen Titel weiterempfehlen, in Ihrem Freundeskreis oder online.

Sollten wir Ihre Erwartungen so gar nicht erfüllt haben, tauschen wir Ihnen Ihr Buch jederzeit gegen ein gleichwertiges zum gleichen oder ähnlichen Thema um.

KONTAKT

GRÄFE UND UNZER VERLAG
Leserservice
Postfach 86 03 13
81630 München
E-Mail: leserservice@graefe-und-unzer.de

Telefon: 0 08 00 / 72 37 33 33*
Telefax: 0 08 00 / 50 12 05 44*
Mo–Do: 9.00–17.00 Uhr
Fr: 9.00–16.00 Uhr (*gebührenfrei in D,A,CH)

APPETIT AUF MEHR?

ISBN 978-3-8338-7078-1

ISBN 978-3-8338-6976-1

ISBN 978-3-8338-6941-9

ISBN 978-3-8338-6624-1

ISBN 978-3-8338-6616-6

ISBN 978-3-8338-6621-0

Alle hier vorgestellten Bücher sind auch als eBook erhältlich.

Mehr von GU auf **www.gu.de** und **facebook.com/gu.verlag**

DIE »GU KOCHEN PLUS«-APP

1 APP HERUNTERLADEN

Laden Sie die kostenlose »GU Kochen Plus«-App im Apple App Store oder im Google Play Store auf Ihr Smartphone. Starten Sie die App und wählen Sie Ihren Küchenratgeber aus.

2 REZEPTBILD SCANNEN

Scannen Sie das gewünschte Rezeptbild mit der Kamera Ihres Smartphones. Klicken Sie im Display die Funktion Ihrer Wahl.

3 FUNKTIONEN NUTZEN

Sammeln Sie Ihre Lieblingsrezepte. Speichern und verschicken Sie Ihre Einkaufslisten. Oder nutzen Sie den praktischen Supermarkt-Finder und den Rezept-Planer.